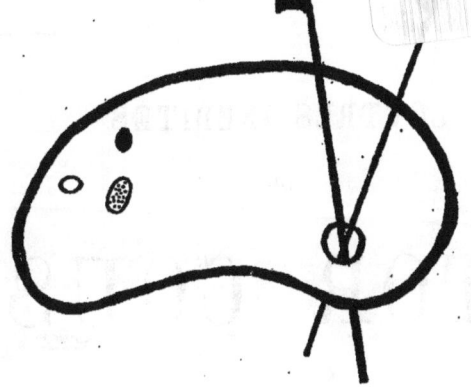

DEBUT D'UNE SERIE DE DOCUMENTS EN COULEUR

LETTRES INÉDITES

DE

VICTOR COUSIN

A

ERNEST BERSOT

(1842-1865)

PUBLIÉES

Par E. DELEROT et A. TAPHANEL

VERSAILLES

IMPRIMERIE AUBERT

6, AVENUE DE SCEAUX, 6

—

1897

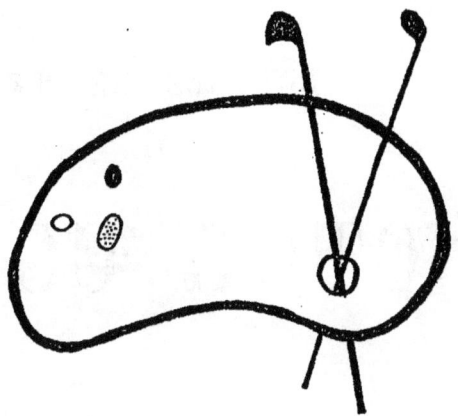

FIN D'UNE SERIE DE DOCUMENTS
EN COULEUR

LETTRES INÉDITES

DE

VICTOR COUSIN

A

ERNEST BERSOT

(1842-1865)

PUBLIÉES

Par E. DELEROT et A. TAPHANEL

—◦∞◦—

VERSAILLES
IMPRIMERIE AUBERT
6, AVENUE DE SCEAUX, 6
—
1897

Extrait des Mémoires de la Société des Sciences morales, des Lettres et des Arts de Seine-et-Oise. Tome XXI. Année 1897.

LETTRES INÉDITES

DE

Victor COUSIN à Ernest BERSOT

M. Barthélemy-Saint Hilaire a publié l'année dernière, peu de temps avant de mourir, un ouvrage considérable sur Victor Cousin (1), ouvrage dans lequel il a inséré un grand nombre de lettres écrites, soit par Cousin lui-même, soit par ses principaux correspondants. Parmi ces dernières on remarque celles qui lui furent adressées par Ernest Bersot. M. Barthélemy-Saint Hilaire aurait inséré à leur rang dans son recueil les lettres de Cousin à Bersot, s'il les avait connues. Mais il en ignorait l'existence et nous-mêmes avons pensé trop tard à la lui révéler.

Ces réponses du maître au disciple, devenu pour lui un ami, méritaient de ne pas rester inédites. Cousin y témoigne une très vive affection à Bersot qu'il appelle « mon cher enfant », et il s'y livre en toute liberté à des épanchements qui peuvent aider à mieux pénétrer son caractère, si souvent l'objet d'attaques passionnées. — Surpris ainsi dans l'abandon d'une conversation tout à fait intime, Victor Cousin se montre tel qu'il était réellement; et si notre malignité peut y trouver parfois l'occasion de sourire, nous devons aussi, en bonne équité, reconnaître qu'il n'y avait rien d'artificiel dans les convictions à la défense desquelles il a consacré toute sa vie.

La première lettre est datée du 10 mars 1842. Bersot était alors professeur de philosophie à Bordeaux où résidait sa famille, et où, pour cette raison même, Cousin, ministre de l'Instruction publique, l'avait nommé deux ans auparavant. Les dispositions du jeune professeur étaient alors aussi pacifiques et aussi prudentes que pouvait le sou-

(1) *Victor Cousin, sa vie et sa correspondance*, Hachette, 3 v. in-8º 1895.

haiter Cousin. Nous en avons la preuve dans ce passage de la correspondance publiée par M. Barthélemy-Saint Hilaire.

« Voici, écrivait Bersot à son ancien maître, voici franchement ma position dans la ville. Mon prédécesseur est, comme vous le savez, dévot. L'archevêque et son parti le regrettent beaucoup, et déjà peu prévenus en faveur du successeur de M. Ladevi, ils n'ont pas été enchantés d'apprendre que j'étais simplement religieux, et que j'apportais votre philosophie dans ce diocèse. Je les ai fait rassurer, leur faisant dire, ce qui est très vrai, que je ne ferais jamais dans ma classe de polémique contre aucune forme de religion, et que j'enseignerais comme eux un noble spiritualisme.

« Ne craignez, Monsieur, aucune étourderie de ma part, je donnerai à mes élèves les grands principes de la raison et je leur apprendrai la logique, voilà tout. Si l'on m'attaque, je préviens que je ne répondrai pas, selon votre conseil, et je tiendrai parole. Je ne veux pas faire du bruit, mais du bien. » (I, 473.)

Il fit cependant bientôt du bruit et beaucoup.

Lacordaire était venu prêcher à Bordeaux ; il était déjà alors dans tout l'éclat de sa renommée et l'on se pressait en foule à ses conférences dans lesquelles la philosophie et les philosophes étaient assez maltraités. « La philosophie, disait-il, ne peut pas nous donner une feuille pour nous abriter. — Pour respirer, les philosophes se mettent sous la machine pneumatique. — Tout ce que les philosophes anciens ont dit de bon n'est pas d'eux : tout ce qu'ils ont dit de faux leur appartient. — Le Dieu de Platon était un commissaire de police. — Les philosophes anciens aimaient la vérité, parce qu'ils ne l'avaient pas encore : les philosophes modernes la détestent tous, parce qu'elle est trouvée, etc., etc. »

Bersot crut que de semblables opinions exprimées du haut de la chaire par un tel orateur ne pouvaient rester sans réponse. Il oublia l'engagement qu'il avait pris de ne faire jamais de polémique, de ne répondre à aucune attaque, de se renfermer étroitement dans son rôle de professeur : il publia, dans un journal de la ville, deux articles qui excitèrent de violentes colères. Ici encore, il faut lui laisser la parole. Le récit qui va suivre, et qui nous paraît indispensable à l'intelligence complète de nos lettres, est emprunté encore à l'ouvrage de M. Barthélemy-Saint Hilaire :

« *Bordeaux, le 11 mars 1842.*

« Monsieur et cher Maître,

« Si vous renoncez à me protéger, bientôt peut-être je n'appartiendrai plus à l'Université. Voici ce qui s'est passé aujourd'hui, et c'est incroyable ; je vous le raconterai cependant mot par mot.

« Hier et aujourd'hui ont eu lieu dans ma classe les examens de Pâques. Au lieu de l'inspecteur de l'Académie qui les fait d'ordinaire, le recteur s'est adressé à M. Ladevi-Roche, professeur à la faculté.

« On m'avait demandé un programme détaillé de mon cours. Il portait, parmi les facultés de l'âme, la force motrice, faculté bien inoffensive et qui, du reste, n'a pas tenu grande place dans mes leçons. A l'article du langage, mon programme portait : Origine du langage, théorie de M. de Bonald, ou origine divine ; vraie théorie, institution humaine.

« Le recteur et le proviseur présents, la première question que M. Ladevi pose est celle-ci : De l'origine divine. Mes élèves présentent ma théorie ; M. Ladevi la combat pour établir l'autre. Pendant cette discussion, inconvenante de la part d'un homme qui venait examiner mes élèves, et non pas moi devant mes élèves, les deux assistants témoignaient, par des haussements d'épaules, des signes d'impatience, leur répulsion pour mes doctrines, et par des signes de tête et des exclamations, tout le plaisir que leur faisaient celles de M. Ladevi. Voilà pour une fois.

« La deuxième question posée par M. Ladevi, et sur laquelle M. Ladevi me combattit encore, d'une façon perfide, fut la question de la force motrice.

« La troisième fut sur l'autorité. Il eut à faire à si forte partie qu'il ne put établir sa doctrine favorite de la raison, s'exerçant à comprendre la tradition et s'égarant hors de là.

« Le lendemain, dès que le proviseur et le recteur arrivent, M. Ladevi change de terrain, et revient à l'origine divine. Il permet, à qui voudra, d'exposer mon opinion : une multitude demandant, il choisit un interne, puis un autre, cherchant à les fourvoyer sans y réussir : « Quiconque n'a pas « entendu parler ne parle pas. » « Les sourds et muets n'ont pas l'idée de « Dieu, ni celle de la justice. Dans les églises, ils ne font que des mouve-« ments animaux. » Les sourds finissent par ne plus parler. Donc, l'homme a eu un premier instituteur qui a répété les mots à son oreille. Du reste, le fait est vrai : il n'y a plus à s'occuper du comment.

« Le recteur et le proviseur paraissent renversés par ma théorie, et me somment de l'exposer... »

Suit une discussion à la suite de laquelle le recteur furieux s'écrie : Je dois protester publiquement et avec énergie contre des doctrines aussi pernicieuses. C'est là de l'athéisme... C'est du pur matérialisme, etc...

« Après cette sortie prodigieuse, continue M. Bersot, il se tourne vers moi, attendant ma réponse. J'étais maître de moi et répliquai avec calme : M. le

Recteur, je donnerai à mes élèves l'exemple du respect et de l'obéissance en me taisant. J'ignore s'il comprit la leçon. *Vous rédigerez par écrit votre théorie,* me dit-il, *et M. le Ministre sera juge entre vous et moi.* »

M. Barthélemy-Saint Hilaire s'écarte involontairement de la vérité, lorsqu'il dit, après avoir cité cette lettre et plusieurs autres auxquelles nous renvoyons le lecteur, que le ministre d'alors, Villemain, justifia les espérances de ceux qui comptaient sur sa faiblesse pour perdre Bersot, et qu'il le sacrifia délibérément à ses ennemis. Bien au contraire, Villemain prit parti pour lui dans cette lutte et mit à la retraite ce recteur et ce proviseur qui étaient venus le braver et l'humilier jusque dans sa classe.

Bersot, tout d'abord, fut donc vainqueur, grâce à l'appui de son ministre. Mais les esprits étaient de part et d'autre trop excités pour qu'une telle situation pût se prolonger. Ces événements, d'ailleurs, n'étaient pas tous connus de Cousin, lorsqu'il adressait à Bersot la lettre suivante (1). L'ancien ministre, un moment éloigné de l'Université, venait d'y rentrer comme membre du Conseil supérieur de l'instruction publique.

CONSEIL ROYAL
de
l'instruction publique

UNIVERSITÉ DE FRANCE

Paris, le [10 *mars*] 184[2].

Mon cher Bersot, me voici, et je veille sur vous. Mais du jour où vous recevrez ce billet, rappelez-vous mes deux maximes : Que je suis sévère en famille, et qu'au dehors je défends inébranlablement quiconque m'a paru irréprochable. 1° Faites votre cours avec cette sévérité psychologique qui écarte toute question irritante ; 2° au dehors, évitez toute contestation sur la philosophie et renfermez-vous inflexiblement dans la profession d'un respect sincère pour la religion ; 3° ne vous mêlez de rien et ne renouvelez pas votre imprudence relative à Lacordaire. Laissez tout faire et tout dire et travaillez en silence ; 4° oui, travaillez et songez à vos thèses. Ecrivez-moi où vous en êtes et si vous

---

(1) Cette lettre a été publiée (moins la dernière phrase) par M. Scherer dans la notice qu'il a mise en tête du volume posthume de Bersot : *Un moraliste.*

serez en mesure de les passer cette année. Cela serait bien convenable, peut-être nécessaire pour effacer *ici* les mauvaises impressions. — Je n'ai pas besoin de vous dire que cette lettre est tout à fait confidentielle.

10 mars 1842.   V. Cousin.

[16 *janvier* 1842.]

Mon cher Bersot, je vous remercie de votre bon souvenir et de votre fidèle affection. Vous me faites grand plaisir de m'annoncer que vous viendrez me voir dans six mois; mais j'espère bien que c'est le candidat à l'agrégation des Facultés et le docteur que j'embrasserai; car, ne vous le dissimulez pas, tout le monde travaille depuis que je suis rentré au Conseil, chacun étant bien certain de n'avancer qu'en donnant des preuves de capacité. Il y a longtemps que vous songez à votre thèse sur saint Augustin : il est plus que temps de l'achever, ainsi que la seconde dont je ne connais pas le sujet. Soyez docteur à Pâques et venez concourir en août. Pensez-y bien, le titre d'agrégé des facultés sera bien puissant pour l'avancement.

Laissez-là M. Dabas (1) et ne pensez qu'à servir la grande cause de la bonne philosophie. M. Lefranc est une de mes plus chères espérances. J'espère qu'il suit mes conseils et qu'il est solitaire et laborieux. Vivez ensemble, causez ensemble de vos thèses, et soyez-vous utiles l'un à l'autre.

Avez-vous formé à Bordeaux quelques jeunes gens amis de la philosophie? Vous avez tant d'hommes de mérite qu'il est impossible que la philosophie ne compte parmi eux beaucoup de partisans. Saluez de ma part M. Rabanis et remerciez-le des excellents écrits qu'il m'a envoyés. Il vous donne l'exemple du travail et de la fécondité.

J'ai fait vos amitiés à Barni (2). C'est un brave garçon et qui commence à se former. Dans le *Moniteur* d'hier il y a un article de sa façon sur mon *Pascal*. Si le gouvernement dispose de quelque journal estimable, vous feriez bien d'y faire reproduire cet article ou d'en faire un du même genre. Vous pourriez aussi vous adresser à quelque journal de l'opposition, mais d'une opposition très modérée. Adieu. Ecrivez de temps en temps à Barni. Tout à vous.

V. Cousin.

(1) Professeur de littérature ancienne à la Faculté des lettres et l'un des adversaires de Bersot dans ses discussions au sujet de Lacordaire. (Note de M. Scherer qui cite dans sa notice des fragments importants de cette lettre.)

(2) Secrétaire de Cousin. Il venait de succéder dans cet emploi à Bersot lui-même.

15 *octobre* 1844.

Mon cher enfant, je me suis abstenu à dessein de vous écrire pendant votre lutte avec l'Administration. Mon rôle officiel m'interdisait toute correspondance privée. La lutte étant ou paraissant terminée, je puis vous dire, ce que vous soupçonnez bien, que j'ai défendu vivement les droits et l'honneur du corps enseignant engagés dans votre querelle. Malheureusement, les professeurs connaissent si peu la loi qui préside à leur sort que, au lieu de se renfermer dans leurs justes droits, ils élèvent des prétentions outrées et réclament l'arbitraire à leur profit. Ainsi, une des choses qui m'ont le plus affaibli dans votre affaire, ce sont les lettres que vous avez adressées à M. le Ministre et dont vous m'avez adressé copie. Pour vous perdre, il n'a qu'à faire imprimer vos lettres, et vous n'aurez pas un seul défenseur. Vous y dites toujours : « Je veux ma place ». Cela n'est supportable sous aucun rapport. Une chaire n'est pas la propriété du professeur, et un collège n'est pas condamné à l'enseignement éternel du même professeur (1). Tout professeur, fût-il institué définitivement, peut être envoyé dans un autre collège. Sans cela, il n'y a point de service public. Mais l'Administration doit au professeur qu'elle déplace une chaire équivalente dans un collège de même ordre. Tels sont les droits respectifs des professeurs et de l'Administration. Ils sont écrits dans les décrets. Au lieu de droits vous argumentez de vos convenances personnelles, de vos liens, de vos affections à Bordeaux. Ce langage peut toucher votre famille, mais nullement le corps enseignant. Il en serait autrement si vous vous mettiez sur un autre terrain. On n'a pas le droit non plus de vous imposer successivement un congé et une prolongation de congé. Un tel congé est une *suspension temporaire*, et une telle suspension est une peine disciplinaire qui ne peut être infligée qu'après un jugement du Conseil académique. Voilà un langage bien différent de celui de vos lettres. Mais, hélas ! dans l'Université, le sentiment des droits du corps est éteint et on ne songe qu'à ses intérêts ou à ses agréments particuliers.

(1) Dans un article de la *Revue de Paris* du 15 avril 1895, M. Georges Lyon, à qui nous avions communiqué le recueil des lettres de M. Bersot, a cité cette phrase en l'accompagnant d'un commentaire très désobligeant pour Cousin. L'opinion de M. Lyon n'eût pas pu se soutenir, si, au lieu de l'appuyer sur cet unique passage malicieusement choisi, il eût bien voulu tenir compte de la lettre entière et des suivantes ; c'est ce que pourra faire maintenant le lecteur ; et assurément il se montrera moins sévère.

Rester à Bordeaux n'est pas un droit pour vous. Bordeaux n'est pas un fief qui vous appartienne. Cette prétention soulèverait contre vous tout le Conseil, elle serait un obstacle même à l'avenir. Car dès qu'une telle prétention se montre, elle doit être vaincue et repoussée avec fermeté.

Mais où veut-on vous envoyer? Et si on vous impose un congé, en a-t-on le droit? Voilà la vraie question.

On ne peut intéresser le public qu'à une querelle publique; et là où les justes droits de tous ne sont pas compromis, nulle sympathie générale ne peut être espérée. A votre place, je ferais une nouvelle lettre où je ne parlerais pas de moi, mais du droit violé et du piège tendu à la bonne foi qui croit obtenir un congé et se trouve condamnée sans jugement à la peine de la suspension. Vous pouvez invoquer le témoignage de M. l'Inspecteur général. Demandez justice et ne demandez pas grâce. Laissez là Bordeaux qui n'est pour vous qu'une convenance et non pas un droit, et réclamez un collège de même rang. Elevez votre pensée et votre langage à la dignité de la réclamation d'un droit, et vous aurez bien des défenseurs. Hors de là, vous aurez encore des amis qui s'affligeront de votre disgrâce, et vous savez que je serai toujours au premier rang.

Je n'ai pas besoin de vous dire que cette lettre est pour vous seul. Le recteur a demandé votre éloignement aussi bien que le proviseur. On ne peut vous sacrifier une seconde fois toute l'Administration. Prenez-y garde, et ne gâtez pas votre cause. Consultez des hommes judicieux et faites-vous des appuis solides. Dites-moi aussi ce que vous comptez faire.

Tout à vous.

15 octobre 1844.   V. Cousin.

29 octobre 1844.

Je suis très affligé de la réponse que vous m'avez faite. Elle contient le oui et le non sur le même point, le point en question. Vous me dites que vous n'appelez pas la chaire de Bordeaux votre place. La conséquence de cela, c'est que vous êtes prêt à aller où l'Université vous enverra, pourvu que *vos droits* soient respectés. Et cependant vous ajoutez que vous ne voulez pas vous adresser à M. le Ministre dans le langage noble et élevé du droit et de la raison, parce qu'un tel langage aboutirait à ce que M. le Ministre vous proposerait Rouen ou Marseille; en un mot, un collège équivalent. Comment! vous refuseriez donc un tel collège! Vous voulez donc impérieusement et exclusivement Bordeaux? Bordeaux est donc une propriété, un fief entre vos mains? Une telle doctrine contraire à la loi et au bon sens est insupportable, et je vous déclare que, à la place de M. Villemain, je vous nommerais à la place à laquelle votre titre vous donne droit, et si vous refusiez de faire votre devoir, je vous déférerais au Conseil royal qui vous appliquerait les peines disciplinaires déterminées par les décrets.

On vous a sacrifié un proviseur et un recteur. Le proviseur et le recteur actuels résistent à votre rentrée à Bordeaux. Faut-il vous sacrifier encore ceux-ci?

Vous ne représentez point l'honneur de la Philosophie. Cet honneur consiste à défendre ses droits avec une fermeté respectueuse, mais inébranlable. Ici, le droit est contre vous, et c'est une faveur inouïe, un monopole insensé que vous réclamez. Loin de servir la Philosophie, vous lui nuisez beaucoup par cette conduite qui n'a pas ici un seul défenseur.

Faites connaître, je vous prie, mon opinion à votre famille qui ne doit pas être trompée, à M. Rabanis et à tous ceux qui s'intéressent à vous. On aurait pu, et je l'ai dit hautement, avec plus d'énergie procurer votre retour à Bordeaux; mais on n'y était pas tenu. On devait vous offrir un collège équivalent; on ne l'a pas fait; on a eu tort. Vous avez tort aussi de ne vouloir que Bordeaux; et il devient clair qu'avec cette obstination illégale et contraire aux plus simples devoirs universitaires, votre retour à Bordeaux est compromis même pour l'avenir; car quelle Administration sera jamais assez lâche pour couronner la résistance au droit manifeste de l'Administration?

Je vous parle avec sévérité, mon cher enfant, parce que je vous aime sincèrement, et que, bien dirigé, vous pouviez servir utilement la Philosophie et l'Université. Je vous vois avec peine rester à Bordeaux. Bordeaux ne vous vaut rien. Venez à Paris. Vous y retrouverez votre ancienne cellule, ma maison et mon amitié. Vous y aurez la société de vos amis de l'Ecole dont les conseils et les exemples vous fortifieront et vous élèveront. Souvenez-vous du mot : *Nul n'est prophète en son pays.* J'aimerais mieux encore vous savoir à Dijon ou à Toulouse dans une disgrâce imméritée qu'à Bordeaux dans une résistance illégale;

surtout je vous désirerais tranquille et utile à Marseille ou à Rouen. Tel est mon dernier mot.

29 octobre.   V. COUSIN.

Un espace de vingt années s'écoule entre cette lettre et la suivante. Bersot a été nommé en 1843 professeur de faculté à Dijon, et, en 1845, il est venu s'installer à Versailles comme professeur de notre collège ; ce n'était pas une disgrâce : il préférait une classe de lycée à un cours de faculté, parce qu'il aimait avant tout à exercer sur ses auditeurs une action directe. Il enseigna à Versailles jusqu'en 1852. A cette époque, il refuse le serment et est obligé de donner des leçons pour vivre. En 1859, il entre aux *Débats*, et c'est au rédacteur des *Débats* que Cousin adresse la lettre suivante. Il est assez piquant de voir l'ancien protecteur de Bersot lui demander à son tour un appui.

24 juin 1863.

Mon cher Bersot, oui, Saint-Hilaire m'a souvent parlé des services que vous lui aviez rendus, et j'ai grand plaisir à l'entendre vanter votre intelligence, votre activité, votre habileté même dans cette affaire difficile. Je vous remercie pour lui de tout mon cœur, et je regrette pour moi que vous partiez si vite pour les Pyrénées, car mon *Histoire de la Philosophie* qui va paraître aurait eu grand besoin de votre aide. J'ai perdu Paradol en n'approuvant pas sa très inutile candidature, et je ne vois plus trop qui pourrait m'annoncer dans les *Débats*. Mais je me sens assez philosophe pour supporter ce malheur. Dites-moi toujours où je puis vous adresser ce volume.

Ne regrettez pas d'être philosophe et libéral, car quoi de meilleur au monde que la philosophie et la liberté, j'entends la vraie liberté et la vraie philosophie. Je le sens à la paix qu'elles me donnent, *nisi cum pituita molesta est*.

Mille amitiés.

Mercredi matin.   V. COUSIN.

Monsieur,
    Monsieur Bersot,
Rue de la Chancellerie, 20,
        à Versailles.

8 juillet 1863.

Mon cher Bersot, votre dernier petit billet m'a bien touché. J'y sens toute votre amitié et j'en suis bien reconnaissant. Mais permettez-moi de ne pas profiter de l'offre si aimable que vous me faites. Sans dédaigner le succès, je sais m'en passer, et n'entends pas m'arracher les cheveux pour être en disgrâce auprès des *Débats*. M. de Sacy a dit à mon libraire qu'il ne pouvait rien sans M. Bertin, et que M. Bertin est fort en colère que je n'aie pas suivi Paradol dans la brillante campagne électorale qu'il vient de faire contre l'avis de M. Thiers et le mien. M. de Sacy ajoute que M. Bertin est plein d'égards pour vous et ne vous refuserait rien. Mais je vous prie, moi, de ne pas vous compromettre et de ne pas me compromettre moi-même. Je vous enverrai demain ou après-demain ce gros livre, et vous ferez ce que vous jugerez convenable et possible. J'y joindrai la dernière feuille détachée du livre où vous trouverez ce que je vous avais prié de citer dans les *Débats*, à savoir un morceau sur Kant où je signale le principe des erreurs de toute la philosophie de Kant et de ses successeurs, avec un petit *finale* sur les leçons que nous donne l'histoire de la Philosophie. Ces deux morceaux ensemble feraient une citation très longue; le dernier tout seul suffirait. Voyez et ne vous troublez pas de ne pouvoir faire ce qui n'est pas entre vos mains.

Je trouve une douceur extrême à me retrouver avec Simon. C'est une âme délicate et élevée qui me manquait. Voilà la Philosophie rétablie dans ses justes droits, et le nouveau ministre est très bien pour elle (1). Il m'est bien venu une idée, mais je n'ose vous la soumettre (2).

Au revoir. Mille tendres amitiés.

8 juillet.
            V. Cousin.

Monsieur,
Monsieur Ernest Bersot, rue de la Cité, 2,
   à Bagnères-de-Luchon.

1er *août* 1863.

Mon cher Bersot, vous avez dû recevoir et mon livre et ma lettre. Je vous récris aujourd'hui pour vous dire que, grâce à votre aimable

---

(1) M. Duruy.

(2) Il s'agit sans doute du projet de faire entrer Bersot à l'Institut.

insistance, M. de Sacy a mis l'annonce que vous avez lue en attendant un article sérieux qu'on suppose au bout de votre plume. Je suis loin de vous presser. Il est bon de laisser le livre faire son chemin et produire son propre effet avant de le juger définitivement. La vérité est qu'il réussit, et je me félicite d'avoir cédé aux conseils de mes amis en donnant cette histoire régulière et complète de la philosophie. Elle comble une lacune regrettable dans la littérature philosophique de la France, lacune un peu honteuse devant l'Allemagne si riche en ouvrages de ce genre. Elle sera utile à nos chers professeurs de lycée pour l'accomplissement de la dernière partie de leur nouveau programme : *Quelques notions d'histoire de la Philosophie*. Enfin, si je vis encore quelques années, je m'appliquerai à perfectionner cette esquisse à chaque édition. Personne mieux que vous, mon cher Bersot, ne sait qu'elle est déjà bien au-dessus du livre dont vous avez corrigé les épreuves en 1840.

Saint-Marc vient de faire un charmant discours à l'Académie française sur les prix de vertu. Je suis confondu que, dans son accablement (1), il ait été assez maître de son esprit pour en tirer des pages aussi agréables que solides.

Au revoir, mon cher moraliste, *vale et me ama.*

1ᵉʳ août.
V. COUSIN.

Je vous préviens qu'à votre retour je vous tourmenterai pour que vous réunissiez vos derniers petits écrits sous ce titre commun : *Etudes de philosophie morale*. J'ai mes raisons pour cela.

6 *août* 1863.

Mon cher Bersot, voici ma pensée ou du moins une partie de ma pensée. Vos divers écrits sont trop disséminés et presque cachés sous des titres qui n'en donnent pas une juste idée et ne disent pas assez qui vous êtes et voulez être. Cependant l'âge vient, et je voudrais voir, avant de partir, vos écrits rassemblés, comme je vous l'ai dit, sous leur titre vrai : *Etudes de philosophie morale*. Votre petit livre sur la *Providence* en serait le frontispice, et mènerait à tous ceux que je connais qui feraient ainsi un ensemble uni et varié. J'y mettrais *Mesmer* (2) lui-même, et jusqu'à vos *questions actuelles*. Ces deux volumes in-8°

---

(1) M. Saint-Marc Girardin venait de perdre sa femme.

(1) Volume sur Mesmer publié d'abord dans la Bibliothèque des chemins de fer.

d'études de philosophie morale représenteraient au vrai votre carrière, votre entreprise, votre œuvre ; et tout homme doit avoir son œuvre et y travailler sans cesse. Je me suis un peu ouvert sur tout cela avec Simon qui est bien sincèrement votre ami. A votre retour attendez-vous à des assauts combinés, fort nécessaires pour avoir raison de votre fière indépendance. Le reste me regarderait.

Quant au moment le meilleur pour votre article sur mon livre ou mes deux livres, vous en êtes bon juge. A mon gré, le moment présent est bon. Il faut féconder et soutenir le réveil de la philosophie dans l'Université et montrer aux honnêtes gens qu'il y a de la place entre M. Veuillot et M. Littré, et que, même dans l'état présent des esprits, la philosophie peut rendre *presque* autant de services que la religion. Les conférences positivistes et les conférences bien plus et bien moins que catholiques pullulent dans mon quartier. Il est bien temps que la philosophie se montre, et il faut lui préparer les voies. Ainsi, mon cher, votre article serait fort à propos, et je vous engage à tailler votre plume.

Aujourd'hui même, jeudi, au *Journal des Savants*, je ferai vos amitiés à Saint-Hilaire et à Franck.

Mille amitiés.

Jeudi 6 août. V. COUSIN.

Je viens de me délasser un peu dans l'histoire de France, et de faire une petite visite à Henri IV et à Richelieu.

Aux questions d'intérêt personnel, traitées dans les lettres qui précèdent, s'ajoute dans celles qui vont suivre une question d'intérêt plus général. Il s'agit d'un article que M. Bersot se proposait de publier sur le livre qui agitait alors si profondément l'opinion publique : la *Vie de Jésus*, de Renan. — Ici encore, Cousin se montre préoccupé à la fois de ce qu'il considère comme utile à son ami et comme utile aussi aux intérêts de la Philosophie, tels qu'il les entend. M. Scherer, dans la notice qui sert d'introduction aux *Etudes et pensées*, d'Ernest Bersot, dit à ce propos : « Bersot avait fait de bonne heure son choix entre l'école officielle, politique, préoccupée des ménagements, et l'école de l'indépendance et de la sincérité. » Et il donne raison à Bersot contre Cousin.

14 août 1863.

Cher Bersot, je vous réponds à la hâte pour vous dire que je ne suis nullement pressé et que j'ai tout le temps d'attendre, et même votre retour à Versailles ; mais, je suis épouvanté de ce que vous me dites que vous allez rendre compte de la *Vie de Jésus*, et je vous conjure d'y penser à deux fois avant de prendre sur vous une telle responsabilité. Vous êtes un moraliste, ou vous n'êtes rien, et que peut dire le moraliste d'un tel livre ? Je laisse là le vrai et le faux en soi, car cela n'est pas votre affaire ; je parle du bien et du mal moral, je parle des effets de ce livre sur les cent millions de chrétiens, nos frères, qui habitent les parties les plus civilisées de la terre. On leur dit : votre religion est fausse ; il faut la quitter. Eux répondent : vous en avez donc une meilleure à nous proposer ; quelle est-elle ? On n'en propose aucune. Ainsi plus de religion en Europe. Que faut-il donc que cent millions d'hommes pensent de Dieu, de leur destinée, de leur âme, de la vertu, de leurs devoirs ? Ce qu'ils pourront ; la Philosophie le leur apprendra.

La Philosophie spiritualiste confesse son impuissance à remplacer la religion auprès du genre humain. Elle sait qu'elle exige du loisir, de l'étude, du temps, beaucoup de temps.

La philosophie de Renan n'a pas ces scrupules et ces embarras. En effet, il n'y a pas besoin d'une religion pour enseigner Dieu dès l'enfance, car il n'y a pas de Dieu : Dieu est le nom du monde ; il n'y a pas d'âme : c'est le son d'une lyre qui cesse avec elle, etc.

Telle est la philosophie qu'on veut substituer au christianisme pour l'éducation, la grandeur, la dignité, la vertu du genre humain. Cette philosophie-là, Renan ne l'expose pas dans le présent livre, mais il l'a nettement et clairement exposée dans un autre livre, qui est entre les mains de la jeunesse, comme l'ont fait Littré et Strauss. Ah ! je comprends que l'athéisme et le matérialisme n'aient pas de scrupules à renverser le christianisme ; mais vous, moraliste, vous théiste, vous spiritualiste, vous libéral, vous ami de l'humanité ! Mon enfant, pensez-y, il ne s'agit point ici de dévotion, il s'agit d'humanité. N'ôtez pas aux faibles ce qui fait leur force, et ayez compassion des pauvres qui composent les trois quarts du genre humain.

Et voilà le livre dont il faut que vous rendiez compte ! Pourquoi ? Vous n'êtes ni théologien, ni orientaliste, ni historien. Qu'en pourrez-vous dire ? On vous demande de le louer avec quelques vagues réserves auxquelles on ne fera pas attention, et le nom d'un honnête homme, adorateur de Dieu, sera employé à la propagation d'un ouvrage athée.

Et c'est Saint-Marc Girardin et Sacy qui vous le demandent ! Ils ne pensent pas à vous, ils pensent au Journal.

Vous me dites qu'un article sur Renan ouvrirait bien la voie à un article sur M. Cousin. Cela est vrai. Eh bien ! je vous propose un marché. Récusez-vous sur Renan et récusez-vous aussi sur M. Cousin. Ah ! le bon, l'excellent marché !

Je ne pense qu'à vous. Je crains que vous ne vous rendiez coupable en nuisant à l'âme d'un de vos semblables qui, hier, croyait à Dieu, en Jésus-Christ et, demain, ne croira plus ni à l'un ni à l'autre.

A vous, V. Cousin.

Je vous ai parlé en philosophe, sans juger le fond du livre de Renan. Mais si sur ce fond vous entendiez l'orientaliste Saint-Hilaire et l'historien Mignet et le politique Thiers, ce serait bien autre chose. Saint-Hilaire en particulier est très prononcé contre cet ouvrage, et, s'il était là, je ne doute pas qu'il ne se joignît à moi. Mais, après vous avoir dit tout cela, et acquitté envers vous la dette d'une vieille amitié, vous restez libre, bien entendu, et, la chose faite à mon regret, nous n'en serons pas moins bons amis. Je vous prie même de ne pas répondre à cette lettre. Recueillez-vous et agissez selon votre conscience.

30 *août* 1863.

Mon cher Bersot,

C'est par votre billet seulement que j'ai appris que votre article avait paru. Je l'ai fait demander et me suis empressé de le lire. Je n'en suis pas mécontent, et vous sortez avec honneur de ce mauvais pas. Il y a, comme toujours en vos articles, une odeur d'honnêteté et un bon goût de style qui intéresse à tout ce que vous écrivez. Mais ici, entre nous, le fond est un peu léger, et le christianisme, même dans le catéchisme, n'est pas seulement une collection de bons préceptes moraux à laquelle vous le réduisez. C'est un vaste ensemble où se rencontrent une métaphysique, une morale théorique et pratique avec toute une juridiction préventive et répressive, une esthétique complète, etc.

Renan lui-même a bien vu cela : il déclare le christianisme, et avec raison, la dernière religion. Il faudrait donc y penser à deux fois, ce semble, avant de l'ôter au genre humain.

Mais assez sur ce chapitre. Quant au mien, il importe beaucoup moins, car il ne s'adresse qu'à un très petit nombre. Apparemment, j'ai trop peu insisté sur la querelle des Universaux dans la Scholastique ; c'est que je m'étais livré à une très longue controverse sur ce problème dans mon introduction à Abailard ; mais j'aurais dû cependant réfuter avec plus de force le nominalisme et ses désastreuses conséquences. J'ai aussi le dessein d'insister un peu plus sur Socrate, si l'ouvrage réussit et que j'en donne de nouvelles éditions. La dixième *du Vrai, du Beau et du Bien* paraît en ce moment, tirée à un fort grand nombre d'exemplaires.

Je vous quitte pour m'en aller avec Saint-Hilaire dîner à la campagne. Mes yeux sont très fatigués ; ils me commandent la suspension de mes recherches aux *Archives*, ce qui me contrarie plus que je n'ose vous le dire. *Vale et me ama.* V. COUSIN.

30 août.

   Monsieur,
  Monsieur Ernest Bersot, boulevard de la Plage, à Arcachon
               (Gironde).

                  5 *novembre* 1863.

Mon cher Bersot, je m'empresse de vous remercier de votre aimable et solide article (1). Il me plaît surtout en ce qu'il est parfaitement vous, affectueux et libre et je suppose qu'il aura fait le meilleur effet à Paris. Maintenant, si vous étiez là, ce que je voudrais bien, j'y relèverais plus d'une idée très hasardée. J'aime mieux m'arrêter aux idées qui nous sont communes. Non, certes, je ne vous parlais pas d'éclectisme, car vous n'alliez pas enseigner l'histoire de la Philosophie, et l'éclectisme est une méthode purement historique. C'est entre ces systèmes nombreux et des systèmes grands et différents qu'on peut porter une critique à la fois profonde et bienveillante qui, seule, nous y peut faire discerner et choisir ce que chacun d'eux a de vrai ; mais à la condition qu'une tout autre méthode nous ait appris ce qui est le vrai.

(1) Sur l'*Histoire de la Philosophie de Cousin.*

L'éclectisme est la lumière de l'histoire ; mais le spiritualisme repose sur une psychologie exacte. Il n'appartient qu'à très peu de personnes de parler d'éclectisme ; il y a tant de vastes connaissances historiques qui ne sont pas de tous les temps ni de tous les esprits. Descartes et Locke ne savent pas un mot d'histoire ; mais Platon, mais Aristote, mais Plotin, mais Leibnitz, mais Schelling et Hegel ne regardent pas seulement l'avenir ; ils regardent aussi le passé et, pour le comprendre, je leur défie bien de n'être pas éclectiques, qu'ils le sachent ou qu'ils l'ignorent.

L'histoire de la Philosophie n'est pas l'histoire des religions. Confondre les limites des sciences n'est pas les avancer, c'est tout embrouiller. L'histoire universelle peut embrasser l'histoire de la Philosophie, celle des religions, celle des arts, etc.; mais cela n'empêche-t-il qu'il n'y ait une histoire de la Philosophie qui n'est pas celle des religions ni celle des arts et qui ne traite que de son objet propre ? Sans ces histoires distinctes, solides, approfondies, que serait l'histoire universelle ?

L'histoire de la Philosophie est une science fixe et déterminée. Son domaine ne peut changer ; ce domaine, ce sont les grands systèmes anciens et modernes. Le seul progrès qu'il se faut ici proposer, c'est de les connaître mieux pour les mieux comprendre.

Votre philosophie nouvelle, qui s'applique aux religions comme aux systèmes philosophiques, comme aux arts, comme aux législations, n'est peut-être qu'une philosophie de l'histoire qui, n'étant pas appuyée sur des histoires spéciales, n'est et ne peut être qu'une ignorance présomptueuse, et je conviens que cette science-là est fort à la mode.

Je finis avec mon papier et par la faute de mes yeux qui m'abandonnent. Au revoir, mon ami. Rappelez-moi à M. de Sacy et à M. Saint-Marc Girardin, sans oublier Simon et Saint-Hilaire.

Causez avec Simon de mes chers *Essais de Philosophie morale* (1).

Bien à vous,   V. Cousin.

5 novembre.

      Monsieur,

    Monsieur E. Bersot, ancien professeur de Philosophie, rue de la Chancellerie.   (*Versailles*).

(1) Le livre que Cousin engageait depuis longtemps Bersot à publier.

Les lettres qui vont suivre se rapportent aux deux premières candidatures académiques de Bersot. Il ne devait entrer à l'Institut qu'en juin 1866.

6 *janvier* 1864.

Cher Bersot, je vous remercie des renseignements que vous me donnez sur la composition de vos deux volumes, et de la promesse que vous me faites de leur très prochaine publication. Voilà qui est très bien. Vous ne pouviez trouver un meilleur interprète auprès du public que notre ami Saint-Marc Girardin. En lui serrant la main de ma part, dites-lui bien de vous peindre selon son cœur et le mien, c'est-à-dire selon la vérité. Il importe beaucoup qu'on vous donne pour ce que vous êtes, plus moraliste que politique, en sorte qu'à l'Académie on ne vous prenne pas pour un homme de parti. Et tandis que le bon Saint-Marc vous aplanira les voies, croyez-vous que votre vieil ami restera oisif? Pas du tout. Il a mis ses lunettes et a écrit à notre cher secrétaire perpétuel un petit billet où il réclame Janet pour la section de philosophie, et laisse libre la candidature à la section de morale à quelqu'un digne de remplacer Janet et dont Simon et moi lui répondons. Je me flatte qu'il a montré ce billet à Simon et à Saint-Hilaire et que la glace est rompue. Nous vous faisons candidat en dépit de vous.

Il vous faut l'unanimité de la section, et cela se peut en se conduisant bien. Simon vous donnera Reybaud; Janet, hors de cause, vous aura Garnier; Saint-Marc et moi nous vous l'assurerons, et lui [Garnier] vous donnera Lucas. Je puis en écrire à Lucas qui me connaît. Il croit, je l'espère, qu'à l'Académie je ne songe qu'à l'Académie, et que je ne répondrais pas de vous si je n'étais pas bien sûr d'introduire à l'Académie un homme digne d'en faire partie par son caractère aussi bien que par son talent. Laissons-là Beaumont (1) : nous n'en avons pas besoin, et il pourrait nuire, n'ayant pas la confiance de l'Académie, et passant pour voter toujours politiquement.

J'ajoute qu'il ne faut pas presser l'élection et que Simon peut très

---

(1) C'est précisément à Gustave de Beaumont que Bersot devait succéder plus tard.

bien dire que la section de morale désire voir se produire les candidatures à la section de philosophie pour bien établir les siennes ; sur cela j'arriverai et tâcherai de vous être utile.

Adieu, je n'y vois plus. Bien à vous.

6 janvier.   V. COUSIN.

Cette lettre répond à la question que me faisait Saint-Hilaire. Je puis donc ajourner ma réponse jusqu'à ce qu'il se passe quelque chose de nouveau. Je ménage mes yeux.

Monsieur,

M. Bersot, *rue de la Chancellerie, 20, à Versailles.*

7 mars 1864.

Cher Bersot, je ne vous écris qu'un mot à cause de l'état de mes yeux, mais je veux vous remercier de votre *Mesmer* et vous exprimer mon profond regret de la façon dont les choses se sont passées à la section de morale. C'était là votre vraie place, et ceux qui vous ont fait quitter cette candidature si juste, si autorisée, pour vous renvoyer à une candidature plus qu'incertaine, sont d'étranges amis (1). Ce n'est pas Saint-Marc Girardin qui vous a donné ce conseil-là. Savez-vous que Janet s'est admirablement conduit et qu'il avait été se désister de sa candidature à la section de morale, entre les mains de Simon. Mais on l'a retenu et il s'est laissé faire. Je ne le blâme pas assurément, mais il n'y a qu'une voix pour blâmer la section de philosophie.

Vous sentez bien que je vous souhaiterais fort dans cette section, mais elle est toute métaphysique, et vous trouverez bien des concurrents redoutables, tandis qu'à la section de morale, après Janet, la justice et non pas seulement l'amitié, vous mettait au premier rang. Janet lui-même n'est moraliste qu'accidentellement en quelque sorte, vous, vous l'êtes essentiellement. Vous êtes de la famille de La Bruyère, de Vauvenargues, de notre ami Saint-Marc, et si j'avais été à Paris (2), vous seriez en ce moment à la place de Janet, et je le ferais passer hautement et après discussion, fort au-dessus de M. l'abbé

---

(1) Bersot, malgré l'avis de Cousin, s'était présenté dans la section de philosophie.

(2) M. Cousin était alors à Cannes.

Gratry et de Vacherot. Mais, cher Bersot, si la section de morale a fait la faute, je ne vous dissimule pas qu'il est bien difficile de la réparer.

La place que Bontoux (1) laisse vacante vous appartenait, et je voudrais que vous l'eussiez encore. J'ignore quel est M. Aubé. Si c'est Ravaisson qui l'a présenté, ce doit être un homme de mérite.

Le papier et mes yeux m'abandonnent.

Votre vieil ami.

7 mars.   V. Cousin.

Monsieur
M. Bersot, rue de la Chancellerie, 20, à Versailles.

9 *janvier* 1865.

Mon cher Bersot, merci de vos vœux, et merci de votre bonne conduite dans nos élections académiques. Vous avez bien raison, il faut bien faire ce qu'on fait, et, puisque vous vous présentez, il faut tâcher de réussir, sans se laisser troubler le cœur par le résultat. Je considère la présentation unique (2) comme la condition du succès. L'*ex æquo* vous serait fatal. Or, je me crois certain que vous serez présenté en première ligne. Simon est votre ami et il est habile : il a avec lui, en se prononçant nettement, Janet, Reybaud, Beaumont, c'est-à-dire une majorité considérable. Ici il faut être inflexible. J'aime aussi M. Cochin (3), et c'est un homme de mérite, mais son volume unique ne peut être mis en comparaison avec tous vos ouvrages, et c'est déjà bien, pour un débutant, de commencer par être présenté en seconde ligne. J'ajoute que cette triste encyclique ne doit pas incliner de ce côté, et si j'étais à Paris, je m'efforcerais de faire prévaloir la maxime : ni révolutionnaire, ni contre-révolutionnaire, ni athée, ni clérical.

Au reste, je me fie à Simon. Ce qui lui manque, c'est de discerner le vrai but qu'il se faut proposer ; mais il sait parfaitement ce qu'il faut faire pour arriver à un but ; il aura de la modération et de la fermeté, il parlera et agira efficacement, et votre élection est entre ses mains.

---

(1) M. Bontoux venait de mourir. Il était professeur de philosophie à Versailles.

(2) Pour la section de morale. (Il s'agit ici d'une seconde candidature).

(3) C'est M. Cochin qui fut élu.

Le point stratégique de l'affaire est donc la présentation unique. De plus, n'effrayez pas les amis du gouvernement, car, entre deux candidats, qui ne leur appartiennent ni l'un ni l'autre, ils pourraient bien pencher pour le plus conservateur. Ne perdez pas de vue cette recommandation, je vous prie. Or, c'est par M. Dupin qu'il faut pénétrer dans ce parti. Dites-lui bien que je suis pour vous, dites-le à M. Giraud, à M. Delangle, à M. Faustin Hélie, et n'oubliez pas mon ami Wolowski. Faites agir les *Débats* sur Dupin. Ce grand procureur général n'est pas un Mathieu Molé : il a l'âme faible à l'endroit de la louange, et, ici, sa faiblesse est d'accord avec le fonds de ses opinions.

Enfin, il est impossible que les philosophes ne soient pas pour vous. Je vous ai dit ma conversation avec Janet; il vient de m'écrire que vous serez présenté en première ligne. Ne manquez pas de dire à M. Passy que je le remercie d'être pour vous, et que je suis charmé de faire de loin cette campagne avec lui. Il est impossible que Saint-Hilaire ne vous donne pas M. Thiers, et je ne crois pas même nécessaire d'en écrire de nouveau à M. Mignet.

Vous avez donc de grandes chances. Mais je connais l'habileté de M. Guizot et l'activité de ce que vous appelez le parti Cochin. Il me poursuit jusqu'à Cannes; mais à Cannes, comme à Paris, je suis hautement pour vous, et je vous autorise ou plutôt je vous prie de le dire.

Remerciez pour moi M. Franck de la note sur Proclus pour le journal des *Débats*. Tant mieux si les *Débats* la publient, car je préfère la bienveillance à l'hostilité; mais la cause qui m'a brouillé avec les *Débats* m'est trop chère pour que je la sacrifie jamais à quelque intérêt personnel. Si vous voyez paraître dans le journal la note en question et qu'elle vous semble aimable pour moi, je vous prie d'en remercier, en mon nom, M. Bertin.

Adieu, mon bon ami, je regrette de n'être pas à Paris pour vous donner une nouvelle preuve de ma vieille et tendre amitié.

Cannes, 9 janvier.   V. COUSIN.

10 *mars* 1865.

Je sais, mon cher ami, que je n'ai pas besoin de vous recommander la fermeté et la résignation. Vous avez tout cela et mieux, car vous êtes un vrai moraliste, et ce sont plutôt vos amis qu'il faut consoler.

— 23 —

J'espère vous voir dans les premiers jours d'avril. Je quitterai Cannes un peu plus mal que je n'y suis venu, n'ayant trouvé ici que des neiges inaccoutumées, un mistral glacé, et un soleil brillant et impuissant, comme bien des choses de ce monde. J'arriverai avec un mal que je ne connaissais pas, des névralgies à la tête qui me rendent quelque peu imbécile. Il ne me reste d'entier que le cœur et je me flatte qu'il vous suffira.

A bientôt et tout à vous.
Cannes, 10 mars.

Versailles. — Imprimerie AUBERT, 6, avenue de Sceaux

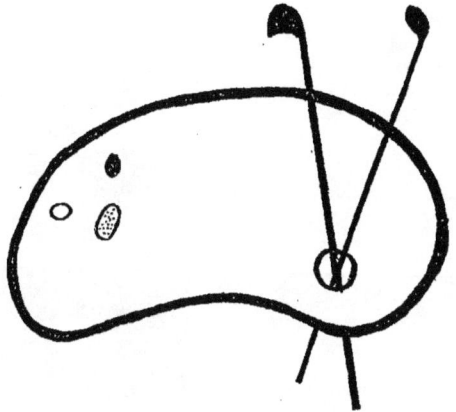

ORIGINAL EN COULEUR
NF Z 43-120-8

www.ingramcontent.com/pod-product-compliance
Lightning Source LLC
Chambersburg PA
CBHW070523050426
42451CB00013B/2831